DES

ÉMIGRATIONS EUROPÉENNES

DANS

L'AMÉRIQUE DU SUD.

MÉMOIRE

LU A LA SOCIÉTÉ D'ETHNOLOGIE LE 22 FÉVRIER 1850.

PAR M. BENJAMIN POUCEL,

FONDATEUR DES BERGERIES-MÉRINOS AU RIO DE LA PLATA.

PARIS

ARTHUS BERTRAND, LIBRAIRE,

21, RUE HAUTEFEUILLE.

1850.

EXTRAIT DES NOUVELLES ANNALES DES VOYAGES, 1850.

PARIS. — IMPRIMÉ PAR E. THUNOT ET Ce.
Rue Racine, 26, près de l'Odéon.

DES ÉMIGRATIONS EUROPÉENNES

DANS

L'AMÉRIQUE DU SUD.

L'œuvre de Christophe Colomb a été sans contredit la plus belle, la plus admirable entreprise des temps modernes; aujourdhui, je vois cette œuvre grandiose exposée au conflit le plus radical qu'elle ait eu jamais à affronter.

Ingrate envers l'homme qui en lui donnant un nouveau monde lui avait donné la gloire et la puissance, l'Espagne devait être égoïste envers ses colonies d'Amérique, d'où elle tira les richesses auxquelles elle a dû son éclat, mais aussi sa décadence.

Ce fut le juste châtiment de sa double forfaiture. Néanmoins l'œuvre de Colomb a ouvert à la science, au commerce, à l'industrie de l'Europe, un champ si vaste, qu'après trois siècles d'occupation c'est à peine si l'Europe en a pu défricher une fraction minime.

Colomb, Hernan Cortez, Pizarro et Solis, ces quatre noms resteront, à divers titres, les colonnes impérissables de l'ère nouvelle que la découverte de l'Amérique a ouverte à l'intelligence humaine.

A Colomb le courage et la grandeur du génie; à Cortez, la bravoure indomptée; à Pizarro, la dictature sanglante : mais à Solis le mérite de la jonction de l'empire espagnol par la découverte du Rio de la Plata.

Tous ces maîtres de l'Amérique régnèrent sur des millions de créatures humaines.

D'où vient cette portion immense du genre humain?

C'est une question qui a donné lieu à plus de commentaires que les recherches les plus ardues de la science.

Quelle que soit la vue que l'on adopte sur un problème dont nous ne possédons pas encore tous les éléments, les populations de l'Amérique, lors de l'arrivée des Espagnols, étaient établies en corps de nations comme il n'en existe aucune aujourd'hui parmi les indigènes. L'union des deux nations les plus remarquables de l'Amérique ancienne, les Mexicains et les Péruviens, union opérée par la découverte de l'océan Pacifique, fut pour le centre de l'Amérique un événement aussi considérable que la jonction du pouvoir de l'Espagne dans le sud par la découverte du Rio de la Plata.

Toutefois, les recherches dont les races indigènes ont été l'objet y ont fait reconnaître des diversités si grandes, qu'il en est résulté beaucoup d'incertitude et de confusion. L'avenir jettera sans doute de nouvelles lumières au milieu de ces ténèbres; nous, nous ne pouvons qu'étudier sans expliquer encore l'origine des races américaines. Les plus anciennes chroniques, et plus tard les rapports des voyageurs des premiers temps de la conquête; la géologie, l'archéologie et les investigations de toute nature, n'ont offert jusqu'à présent que des données contradictoires. En opposition aux partisans du système qui voudrait que les races du Nord eussent été les premières à s'introduire dans l'Amérique du sud, la physiologie a constaté chez les Américains de nombreux rapports avec les races Mongoliques; et cette analogie n'est pas la seule, à beaucoup près. Au reste, si une obscurité profonde règne encore sur l'origine des Américains du Sud, nous possédons du moins d'excellentes données sur leurs mœurs, sur leurs croyances et leurs habitudes.

Dès les premiers temps de la conquête, des hommes plus amis de l'humanité qu'avides d'or et de gloire se lançaient avec intrépidité dans les aventures de voyages pénibles et dangereux, pour aller porter la lumière de l'Évangile à des peuplades inconnues. Les documents qui nous restent de ces incursions pacifiques, qui font un heureux contraste avec les désastres de la conquête armée, ne sont, je pense, nulle part aussi nombreux que pour le Rio de la Plata. Le monde studieux doit à M. Pedro de Angelis, de Buenos-Ayres, la publication d'une quantité innombrable de documents de ce genre qu'il a extraits des dépôts de manuscrits épars dans les diverses parties de l'ex-vice-royauté, notamment à Cordova. Beaucoup de ces documents n'offrent qu'un intérêt médiocre ; mais ne dussent-ils servir qu'à faire comprendre les difficultés inouïes des explorations faites par la conquête espagnole, ils restent comme un précieux témoignage du courage indompté des conquérants.

De nos jours, et avec des moyens plus efficaces, des hommes intrépides autant qu'éclairés ont doté la science de connaissances positives sur les lieux, les hommes et les choses de cette partie de l'Amérique. Parmi les flambeaux du savoir européen qui ont porté la lumière dans l'obscurité primitive de cette contrée, il faut citer au premier rang M. de Azara, qui a servi de guide, on peut le dire, à tous les hommes de tête et de cœur qui ont marché sur ses traces. Son ouvrage se recommande par la justesse des appréciations et la vérité des observations, bien plus encore que par l'étude scientifique des pays qu'il a parcourus. Sa foi dans l'avenir de ces belles contrées ressort à chaque instant de l'expression d'idées aussi libérales que pouvaient l'être, à l'époque où il écrivait, celles d'un Espagnol au point de vue de la métropole. Puis est venu M. de Humboldt, à qui l'Amérique est redevable de tant de notions diverses sur ses propres richesses, et dont elle a retenu prisonnier le compagnon célèbre, M. Bonplan. A ces deux illustres voyageurs a succédé M. Alcide d'Orbigny, qui s'est ouvert une voie nouvelle en se jetant avec courage dans les deux parties de l'Amérique du Sud que les voyageurs précédents n'avaient point explorées. L'arène qu'il a parcourue, vaste comme ces immenses régions, embrasse plus de quarante degrés de latitude, depuis les Cordillères des Araujanos qui limitent au sud les Pampas de Buenos-Ayres, jusqu'aux confins communs du Brésil et de la Bolivie, d'où sortent les doubles sources de l'Amazone et du Parana.

Bientôt après M. de Saint-Hilaire a traversé la partie sud du Brésil, peu explorée jusqu'à lui; le souvenir de son passage subsiste encore dans plusieurs localités, entre autres sur le mont Cardozo qui domine l'embouchure de la petite rivière de Canama, par 26 degrés de latitude sud. Enfin, tout récemment, un autre voyageur français, dont le monde savant attend encore les travaux, a pénétré le premier dans le Paraguay immédiatement après la mort du Dr Francia, et y a réuni de riches matériaux sur cette contrée longtemps inaccessible. Ce voyageur est M. A. Demarsay, que j'ai eu le plaisir de connaître au Rio de la Plata au retour de sa laborieuse mission.

Si je rappelle ici les noms de quelques-uns des hommes qui ont travaillé et qui travaillent encore à faire connaître des contrées que trois siècles d'existence avaient laissées presque ignorées sous la domination jalouse de l'Espagne, c'est pour rappeler que la botanique, l'histoire naturelle, la geologie, la minéralogie, et surtout l'ethnologie que M. d'Orbigny a éclairée d'une si vive lumière dans son ouvrage sur l'*homme américain*, c'est, dis-je, pour rappeler que toutes les connaissances qui se rattachent géographiquement à l'étude du globe, ont payé leur tribut à l'Amérique du Sud. Devant de tels noms, ma propre insuffisance m'impose le devoir de ne toucher spécialement à aucune de ces sciences. Mes observations néanmoins doivent porter sur l'ethnologie; mais je ne veux aborder ce sujet que sous un seul point de vue. Mon but unique est d'appeler l'attention des hommes penseurs sur les dangers qui menacent, à mon avis, l'une des deux races européennes qui luttent depuis trois siècles et plus contre les races indigènes, et qui, faute d'aliment suffisant aujourd'hui pour cette lutte qui finit, devront nécessairement se livrer à une lutte nouvelle, ayant pour objet la suprématie de l'une d'elles dans tout le continent américain.

Il est cependant indispensable de jeter d'abord un coup d'œil sur les principales races indigènes, dont quelques-unes disparaissent peu à peu. Je ne veux les considérer que sous l'aspect qu'elles présentent aujourd'hui aux yeux du voyageur, et nullement au point de vue physiologique des races.

Sur les deux parties du continent américain, réunies par l'isthme de Panama qu'un détroit va bientôt couper, les conquérants européens ont eu à lutter contre des races analogues entre elles. Cette analogie, d'ailleurs remarquable, semblerait s'expliquer par l'identité des territoires et du climat sur l'une et l'autre partie du continent américain.

Afin de saisir ce rapport analogique tel que j'ai pu l'apprécier, en dehors, bien entendu, des rapports physiologiques, on peut diviser les races américaines en trois sections très-distinctes : les races des plaines, les races de montagnes, et celles qui vivent dans les forêts. En général, ces dernières au moins se rapprochent le plus du type européen, et par les formes et par la couleur de la peau; sous ces deux rapports, je puis citer celle des *Bugres*, dont j'ai vu quelques sujets. La peau de ceux-ci est d'un blanc mat, très-légèrement *beurré;* leurs traits sont réguliers, quoique un peu épatés; leurs yeux n'ont pas le type général du Mongol; leurs formes un peu obèses sont molles, et leur aspect n'indique ni force ni férocité. Ces caractères physiques doivent être attribués en grande partie à la température douce et constamment humide qu'on respire dans la forêt vierge, près des régions tropicales. Ces indigènes du Brésil se trouvent près de la côte orientale de l'océan Atlantique; je les ai vus dans les environs de Guape, dans la province de Santos.

Les indigènes montagnards sont dans l'Amérique ce qu'on les trouve partout : lestes, alertes, secs ou au moins sans obésité aucune ; le teint plus ou moins hâlé, selon le degré de couleur de la peau. Hardis et décidés dans toutes leurs allures, ce sont de francs amis ou de rudes ennemis. Leur type principal se trouve dans les Cordilières du Chili, sur le versant des Pampas. Ils ont été décrits par M. A. d'Orbigny d'une manière assez vigoureuse et assez complète pour qu'on s'en réfère au travail du savant voyageur.

Enfin les Indiens de la plaine *non boisée* forment la fraction des races américaines sinon la plus nombreuse, assurément la mieux caractérisée et la plus propre aux observations et à l'étude de la science. Cette section des indigènes de l'Amérique se retrouve sur les deux parties du continent unies par l'isthme, avec une similitude de manières et d'aptitudes que n'affaiblit aucunement leur éloignement considérable l'une de l'autre. En effet, au nord, on trouve les habitants de ce que les Américains appellent la *prairie*, immenses savanes que la nature a jetées par intervalles considérables sur les deux parties du continent ; au centre et près encore de la zone torride on rencontre le *Gran Chaco*, désert qui embrasse environ trente degrés de latitude, et dont la partie sud est habitée par les féroces *Guaycurus*, tandis que le nord est peuplé des races douces que les jésuites avaient commencé à civiliser. Enfin, au sud s'étendent les Pampas, enclavées dans l'océan Atlantique depuis les bords du Paraná jusqu'aux Cordilières.

Ces trois vastes sections de l'Amérique ont été de tous temps les plus peuplées d'Indiens ; ce qui semblerait prouver que la plaine découverte convient mieux à l'espèce humaine que la montagne ou la forêt vierge, même sans le secours de l'agriculture.

Cette triple section d'indigènes américains habitants des plaines est revêtue d'un caractère très-distinctif, qu'on ne retrouve ni chez l'indigène des montagnes ni chez celui de la forêt : c'est une allure farouche qui contraste avec les allures molles de l'habitant des forêts, sans se rapprocher de l'allure féroce du montagnard. Quant à leur aspect physique, les habitants des plaines, à de très-rares exceptions près, ont un caractère uniforme : c'est d'être trapus, à formes plus larges qu'épatées, et longs de jambes.

Cette dernière remarque s'explique par l'habitude du cheval qui leur est commune dans les trois sections de l'Amérique qui les renferment. Mais ici, un scrupule qui me paraît fondé m'a souvent préoccupé, et je ne résiste pas au désir de le faire connaître. Le cheval n'étant point indigène de l'Amérique, je me suis souvent demandé quel était l'état moral et physique de ces populations des plaines avant l'introduction de ce quadrupède par les Européens. Ces peuplades étaient-elles nomades comme aujourd'hui, ou vivaient-elles stationnaires? Dans le premier cas, elles auraient pourvu à leur subsistance au moyen de la chasse et de la pêche; mais dans la seconde hypothèse, auraient-elles pu vivre sans les produits de l'agriculture? Ici la pensée voit s'ouvrir devant elle une longue série de considérations sur la civilisation corrélative que l'état agricole suppose; mais je dois ajouter que d'après les meilleurs observateurs, dans l'opinion de M. Alcide d'Orbigny notamment, la vie de chasseurs et de pêcheurs a dû être celle de toutes ces races indigènes avant l'introduction du cheval européen.

Indépendamment des caractères généraux qu'on reconnaît chez les populations de l'Amérique, selon qu'on les rencontre dans les montagnes, dans les plaines ou dans la forêt, le continent américain, dans sa partie sud, renferme une foule de peuplades qui ont été décrites partiellement, et qui toutes semblent appartenir sinon à des races diverses, au moins à des implantations primitives différentes les unes des autres. On pourrait dire à ce sujet qu'on retrouve dans l'Amérique, sur une échelle infiniment plus vaste, le tableau que présentait l'Europe à l'époques de l'irruption des Barbares, et que reproduisent encore aujourd'hui les subdivisions des populations européennes. Langage, aptitudes, penchants, manières, goûts, tout varie, en Amérique, d'une peuplade à l'autre, comme en Europe d'une province à l'autre, et quelquefois de village à village.

L'étude de ces rapprochements ne me paraît pas devoir être dédaignée par les hommes de la science.

Mais au-dessus de ces fractions isolées s'élèvent, semblables aux ruines gigantesques d'un immense édifice, les débris épars de la grande race des Guaranis et de la race tout aussi nombreuse et plus imposante peut-être des Indiens du Pérou, généralement appelés Quichoa. Dire que ces deux races sont deux branches d'un même tronc serait sans doute hasardé; néanmoins en les considérant au point de vue du caractère moral, on trouve entre elles des rapports si continus, des ressemblances si frappantes, qu'on pourrait accepter sans scrupule la solution affirmative.

Les Guaranis ont bordé de tout temps la rive gauche du Parana, dans son immense développement de huit à neuf cents lieues de parcours ; ils se sont répandus de là à l'est, vers les provinces sud du Brésil, et à l'ouest jusqu'à la gauche du Paraguay ; ils étaient nombreux dans ce dernier pays lors de la conquête. Mais qui nous dit que leur famille si féconde, si pacifique, n'avait pas franchi ces fleuves pour pénétrer, par la Bolivie, jusque dans le Pérou ? Toutefois, la population considérable de cet empire, livrée au sabre de Pizarro, et l'état très-avancé de sa civilisation comparativement à celle des Guaranis de la rive gauche du Paraguay et du Parana, feraient croire au contraire que la transmigration se serait faite de l'ouest à l'est. Dans ce cas, la grande famille Guarani qu'on peut appeler

Brésilienne n'aurait été formée que par des branches détachées du tronc péruvien, qui perdaient en civilisation à mesure qu'elles s'éloignaient du foyer où brillait le soleil des Incas.

Quoi qu'il en soit, ces deux familles ont pour caractère principal la mansuétude. Seulement on remarque chez le Péruvien d'aujourd'hui un aspect général de tristesse qui n'a rien de monotone ; au contraire, son caractère semblerait être l'expression d'une longue douleur traditionnelle qui pleure encore le royaume des Incas. D'autre part, on croirait retrouver, dans sa gravité habituelle, les traces d'une grandeur déchue qui ne veut pas se commettre. Il y a dans la mélancolie du Péruvien un mélange de regret et de peine, et il transporte ces allures de ses pénates jusque dans les contrées les plus lointaines. Car l'Indien du Pérou est un nomade *sui generis* ; il fait à pied plusieurs centaines de lieues, vendant les drogues médicinales de son pays, puis son havre-sac épuisé et ses vêtements cousus des pièces de monnaie qu'il a reçues en échange, il reprend le chemin du Pérou, en fût-il à trois ou quatre cents lieues de distance.

Il est à remarquer que les pays circonvoisins reçoivent ces hôtes de passage avec une hospitalité coutumière, dans laquelle il faut voir aussi bien le fond doux et souverainement hospitalier de l'Américain en général, qu'une sorte de marque de respect des races américaines envers les descendants de l'ancienne race péruvienne.

En effet, ces bons pélerins reçoivent le passage gratis des gouvernements actuels des diverses contrées qu'ils traversent, lorsqu'ils ont à monter ou à descendre un des nombreux cours d'eau qui sillonnent ces vastes régions. De plus, et surtout dans certaines localités, on les héberge par habitude. Enfin ils sont considérés partout comme tellement inoffensifs, qu'ils ont eu le singulier privilége de traverser en tout temps les contrées ravagées par la guerre civile, passant d'un camp à l'autre sans avoir à craindre de mauvais traitements, ni même d'être l'objet du moindre soupçon. On dirait qu'une auréole de respect entoure encore aujourd'hui la mémoire du grand peuple des Incas.

Chez les Guaranis de la rive gauche du Paraguay et du Parana, la mansuétude du caractère et des manières ne revêt pas la mélancolie et la presque solennité que présente l'aspect de l'Indien du Pérou; sa gaîté n'est jamais bruyante, elle est paisible. Il semblerait oublieux du passé et non inquiet de l'avenir; il se laisse vivre, et s'efforce de faire participer son hôte à l'état tranquille de son âme.

Ce sont assurément les deux populations les plus propres à comprendre et à rechercher les bienfaits de l'éducation. A ce sujet il est inutile de rappeler ce que les Jésuites avaient obtenu des Guaranis du Paraguay; il suffira de dire que jusqu'à nos jours, et malgré les quarante années de guerre qui ont désolé leurs voisins à trois et quatre cents lieues de distance, ils paraissent encore aujourd'hui non-seulement la population de la Sud-Amérique la plus tranquille et la plus soumise, grâce au séquestre que lui imposa la dictature de Francia, mais aussi la moins ignorante, *nationalement* parlant, malgré cette longue dictature, avant laquelle il n'y avait pour ainsi dire *pas un habitant* du Paraguay qui ne sût lire et écrire.

Je bornerai là ce simple aperçu des races primitives de l'Amérique du Sud, telles qu'elles se montrent aujourd'hui. Je n'ai voulu qu'en esquisser l'aspect actuel, et nullement aborder l'étude physiologique de leur espèce.

Quant aux transmigrations diverses qui ont eu lieu durant les longues guerres de la conquête, et à la disparition de quelques tribus parmi ces races, je n'en parlerai que pour les rappeler. Ces deux faits se sont accomplis sur différents points. De nos jours même, sur les bords de la Plata, nous avons vu les derniers restes d'une tribu disparaître de l'Amérique ; c'est celle des *Charruas*, qui étaient jadis en possession du territoire qui forme actuellement la République de l'Uruguay. Mais celle-ci ne mérite pas nos regrets, à cause de sa férocité qui était devenue proverbiale parmi les habitants de la rive gauche de la Plata.

Quelques sujets de cette race maudite ont été amenés en France en 1831, après la destruction de cette tribu par ordre du général Rivera. Depuis cette époque dix-sept individus, échappés à la mort, vivent errants sur la frontière du Brésil, où ils ont fini par se mêler aux Indiens soumis.

Mais cette race farouche et féroce avait vécu un jour de trop, au moment où elle s'était rendue coupable du meurtre de l'illustre Solis, aux bords de la rivière qui a conservé son nom et qui se jette dans l'Océan, ou plutôt dans le Rio de la Plata, entre Maldonado et Montevideo.

Telle est l'aperçu très-superficiel des races qui habitent encore l'Amérique espagnole dans le sud du continent américain. Celles qui ont préféré la mort à la sujétion ont disparu; celles qui luttent encore périront: mais la plus grande partie a accepté la sujétion, et acquis par là le droit de citoyen, si droit il y a, depuis l'époque de l'indépendance de l'Amérique méridionale. Ces Indiens en grand nombre, qui, dans diverses parties, ont mêlé leur sang à celui de l'Européen, appartiennent tous à la grande famille des Guaranis, surtout à celle des descendants des Incas. Ils ne forment plus, à proprement parler, qu'un corps de nation avec les descendants des Européens. Nous n'avons plus à nous en occuper comme race indigène, mais seulement comme partie intégrante des nationalités américaines.

D'autre part, ces dernières doivent être considérées comme appartenant à la grande famille latine, par opposition aux populations de l'Amérique du Nord qui se rattachent à la race Anglo-saxonne.

Toutefois, avant d'essayer de faire comprendre à quelles destinées ces races sont appelées en Amérique, il nous faut jeter un coup d'œil rapide sur cette grande contrée de l'Amérique du Sud qui compose l'empire du Brésil.

Signalons d'abord une particularité remarquable dans les destinées de la nation portugaise, si petite en Europe, et devenue si puissante au delà des mers par la hardiesse de ses entreprises et la vaste étendue des pays conquis par ses armes. — Cette gloire fut la juste recompense de la route nouvelle frayée à la navigation par Vasco de Gama, et de l'heureuse découverte d'Alvarez Cabral.

La Lusitanie, enclavée en Europe dans le royaume d'Espagne, devait voir ses possessions du Brésil enclavées aussi dans le demi-continent conquis en Amérique par les armes espagnoles.

L'empire du Brésil est au continent de l'Amérique ce qu'est à l'Asie l'empire de la Chine. Immensité des territoires, diversité des climats, éléments prodigieux de toutes sortes de prospérités : la nature n'a refusé au Brésil aucun des avantages, aucune des richesses dont elle a doté l'Empire Céleste, à l'exception du nombre de bras suffisants pour exploiter sa merveilleuse fécondité sur toute l'étendue de son territoire.

Le Portugal, en lutte contre les indigènes du Brésil qui résistaient presque partout à la domination de ses armes, ne pouvait suffire, vu sa population si réduite en Europe, à l'émigration considérable qu'eût exigé dès les premiers temps une si vaste colonie à peupler. A l'exemple des Espagnols, ils s'empressèrent de jeter dans leurs possessions d'Amérique une race nouvelle, qui pût, en travaillant le sol conquis, leur permettre de lutter pour l'extension de la conquête ; et cette race, ils la transportaient en Amérique de leurs possessions d'Afrique. Les hommes noirs devinrent, pour les conquérants de l'Amérique méridionale, un moyen efficace pour dominer les indigènes du Nouveau-monde.

On pourrait même assurer que cette transmigration de la race noire est due aux efforts d'un homme généreux et bien connu par sa lutte contre la barbare convoitise des conquérants. Le très-honorable père Las Casas, dans la ferveur de son zèle en faveur des Indiens, vint en Europe demander comme une grâce l'introduction de la race africaine dans l'Amérique.

A ce titre, le Brésil est plus exposé qu'aucune autre partie du continent américain ; et l'avenir de cet empire, qui intéresse si vivement l'industrie de l'Europe et le progrès de l'Amérique, mérite la plus sérieuse attention de la part de l'Europe.

Le mélange des races est devenu au Brésil une question que chaque jour rend plus palpitante ; et quand on pense qu'une population de plus de quatre millions compte à peine un million de blancs, on est effrayé des convulsions que pourraient y produire les agitations de la politique. A cette considération si puissante aux yeux de tous les hommes sérieux qui s'occupent de l'état actuel et de l'avenir politique et social du Brésil, se joint une autre considération non moins grave : c'est l'antagonisme permanent qui a existé entre les conquérants d'abord, puis entre leurs descendants de race espagnole et ceux de la race lusitanique.

L'histoire de cet antagonisme a commencé pour ainsi dire avec la conquête, et se continue encore de nos jours. Jusqu'à l'époque de l'indépendance des colonies lusitano-espagnoles, les guerres des dominateurs de ce demi-continent étaient le fait d'une rivalité qu'on pourrait appeler glorieuse, car elle avait en résumé pour but d'offrir à la civilisation une arène immense pour la prospérité des métropoles. Aujourd'hui, au contraire, la continuation de cet antagonisme n'aurait pas même les prétextes qu'invoquent d'ordinaire les conquérants, puisque les deux rivaux sont à peine possesseurs paisibles de territoires qu'ils ne peuvent exploiter faute de bras suffisants. Et cependant il subsiste avec une force que n'ont pu amoindrir ni des luttes séculaires, ni les modifications fondamentales apportées par l'indépendance politique de ces pays. Toutefois, il faut dire que le caractère pacifique du Brésilien serait tout disposé à ne voir dans cet antagonisme qu'un moyen, un stimulant, propre à exciter à l'envi, chez les deux populations, tout ce qui pourrait contribuer à leur mutuelle prospérité.

Mais en est-il de même de la part des voisins du Brésil ?

L'examen de cette question m'éloignerait trop de mon objet ; je me borne à la poser, pour faire voir tous les dangers qu'elle renferme au point de vue de la sécurité de la race latine dans l'Amérique, en présence de l'envahissement moral, et bientôt matériel, de la race anglo-saxonne. Surtout je tiens à signaler fortement à ces populations que j'aime les désastres que leur désunion pourrait amener, en convertissant le magnifique empire du Brésil en une immense Saint-Domingue!

Je touche enfin à l'objet principal de ce mémoire.

Dans un écrit sur les intérêts réciproques de l'Europe et de l'Amérique, j'ai dit :

« Aux termes de cette théorie qui repose sur » les lois naturelles et sociales des peuples, il pa» raîtrait étrange d'admettre que l'une des deux » parties de l'Amérique unies par l'isthme de Pa» nama dût, à un jour donné, être soumise à l'au» tre. Ce serait vouloir unir l'eau avec le feu. Ce» pendant les événements qui s'accomplissent de nos » jours dans l'Amérique présagent, dans un ave» nir peu éloigné, la mise à exécution de cette » transformation gigantesque qui doit résulter de » la fusion obligée des deux races qui se trouvent » être en possession de ce vaste continent, ou de la » destruction de l'une par l'autre, à moins que l'Eu» rope n'intervienne (1). »

Je craindrais de céder à des sympathies qui me sont chères, en déclarant que la crainte que je viens de manifester préoccupe essentiellement ma pensée.

(1) *Études des intérêts réciproques de l'Europe et de l'Amérique*, p. 17. Paris, Guillaumin, 1849.

Toutefois je dois avouer que l'observation sérieuse de ce qui se passe dans les deux parties du continent américain est faite pour inspirer de vives appréhensions sur le sort de l'une des deux races qui l'occupent.

Les peuples deviennent tels que les font leurs lois, quant aux habitudes et à l'éducation qu'ils se donnent; ces aspects extérieurs des peuples sont soumis en général à l'impression et aux influences qu'ils reçoivent du ciel et du sol où se forment leurs destinées. Mais il est une loi antérieure et supérieure à ces effets des temps et des lieux qui façonnent une race : c'est la loi du sang. Elle est antérieure à toute loi sociale; elle est supérieure à l'influence modificatrice des saisons et des climats. En elle il faut puiser toujours le caractère primordial des races.

Qu'il me soit permis d'exposer sur ces bases mes idées au sujet des deux grandes races actuelles de l'Amérique, qui ont pour ainsi dire absorbé toutes celles qui primitivement possédaient le continent américain. J'entends par cette assertion, peut-être trop absolue, que les races indigènes de l'Amérique entière se trouvent aujourd'hui réduites à un état de domination permanente de la part des descendants des races conquérantes.

En jetant un coup d'œil d'ensemble sur la surface du continent d'Amérique, qu'y voyons-nous en effet? deux grandes catégories dominantes : au Nord, le sang anglo-saxon; au Sud, le sang de la race latine.

Si, de cette vue d'ensemble, nous portons nos regards sur l'état général des deux races qui nous occupent, nous verrons l'une des deux conservant la plénitude, on pourrait presque dire la virginité de son origine, tandis que l'autre se trouve immergée pour ainsi dire dans un océan de races trop analogues, primitivement, avec son propre sang, pour que la fusion n'ait pas été considérable. L'une a gardé dans ses tendances morales la vigueur, l'énergie, la hardiesse des hommes du Nord: c'est celle qui domine dans la moitié septentrionale de l'Amérique; l'autre a confondu en partie les caractères de la race méridionale avec l'apathie des races indigènes. Cette différence a sa source, d'une part, dans l'espèce de fierté que nous voyons partout chez la race anglo-saxonne de nos jours, et qui la porte à ne pas mêler son sang avec celui des nations qu'elle domine. Ainsi, dans l'Amérique du Nord, l'homme blanc s'est très-peu croisé avec les races indigènes. On pourrait attribuer cette réserve à l'esprit religieux fortement caractérisé qui a donné un si grand essor à la colonisation de l'Amérique du Nord. Ainsi les Anglais, dans leur empire des Indes, conservent intégralement la pureté de leur sang.

D'autre part nous voyons toutes les colonies d'origine latine plus ou moins entachées du mélange de la race conquérante avec les races conquises. Cette remarque n'a pas besoin de commentaires; il suffit d'en constater le fait très évident.

Si ce tableau est vrai, je le demande: pourquoi

la race qui n'a rien perdu de son énergie primitive n'aspirerait-elle pas à acquérir une domination absolue, aujourd'hui qu'elle se voit pour ainsi dire face à face avec la race latine déjà tant affaiblie par son mélange avec les indigènes, par l'absence d'éducation que lui ont léguée l'Espagne et le Portugal, par l'action d'un soleil énervant, par l'heureuse ignorance des besoins, par la suave influence d'un ciel inondé de lumière, et par les magnificences prodigieuses d'une nature perpétuellement prodigue?

Voilà pourquoi mon esprit s'alarme en voyant ce qui se passe, surtout en pressentant ce qui se prépare dans le continent américain.

Mais, dira-t-on, pourquoi ces mêmes causes n'ont-elles pas produit des effets analogues chez la race anglo-saxonne, implantée aussi dans l'Amérique? On pourrait répondre que ces causes d'affaissement ont été neutralisées par l'éducation vigoureuse qu'elle avait reçue, et on serait dans le vrai; mais je n'en persiste pas moins à soutenir que cette résistance est due surtout à l'énergie du sang.

Il est possible que les délices d'une civilisation qui marche à pas de géant finisse par énerver cette énergie si constante; mais des siècles s'écouleront avant d'avoir pu dompter cette race étonnante, et si j'en crois l'intuition secrète qui m'anime, elle ne pliera pas sous le faix de sa gloire, sous les excès de sa civilisation, sans avoir donné au monde l'exemple d'une vigueur à nulle autre pareille.

Déjà nous la voyons, maîtresse d'un demi-continent plus vaste que l'Europe, le traverser dans toute sa largeur afin de dominer sur les deux océans. Par cette entreprise aussi hardie que difficile, la voilà qui étreint sa rivale, la race latine, dans le réseau continu de sa puissance. Je veux parler de la conquête de la Californie par les États-Unis, conquête qui vient de poser une barrière formidable, d'un océan à l'autre, entre les deux races.

Va-t-elle s'arrêter, aujourd'hui que posée sur les deux océans, elle n'a plus qu'à s'avancer simultanément par terre et par mer pour franchir l'isthme qui la sépare des races méridionales?

Nul, assurément, ne pourrait le prétendre, et je ne saurais le croire; j'expose donc mes craintes, et j'ose faire appel à la race latine pour qu'elle se préserve elle-même d'une destruction que je crois imminente, ou tout au moins d'une fusion si grande du sang des deux races, que les différences en deviendraient insensibles après quelques siècles.

A Dieu ne plaise que mon appel prenne la forme d'un cri de guerre! Non, je ne veux que la paix et tous les biens qui en découlent. Mais n'est-il donc pas des moyens autres que la guerre pour arrêter l'essor dominateur de la race anglo-saxonne? Elle-même nous a donné l'exemple de ce qu'il y a à faire. L'accroissement de sa puissance si grand, si rapide, est dû à la magnifique émigration qu'elle a su provoquer parmi ses frères de l'Europe. Hé bien! si la race latine d'Amérique n'imite pas sa rivale du Nord, c'est à ses frères d'Europe à se porter dans les belles contrées dont elle laisse les richesses inexploitées. L'émigration! l'émigration! voilà le grand moyen de retremper la race latine en Amérique, le seul moyen de balancer la puissance des Anglo-saxons qui s'avancent à grands pas vers le sud de ce continent. Ce moyen si simple et si fécond en succès est ouvert à l'Europe méridionale pour l'Amérique du Sud, comme il l'a été à la race du nord de l'Europe pour l'Amérique du Nord. Si celle-ci n'a point à raviver de sa propre énergie les habitants des États-Unis qui en ont conservé toute l'action, les méridionaux européens compenseraient bientôt par le nombre la faiblesse du sang latin dans la branche de cette race qui possède l'Amérique du Sud. Elle est apte à tous les genres de progrès moral et social; elle n'a besoin que de l'exemple, et la civilisation européenne avec toutes ses merveilles s'implantera sans peine sur un sol béni du ciel, et qui ne demande que le travail des hommes.

L'heureuse ignorance de besoins dans laquelle vit, insoucieux, l'enfant de la race latine en Amérique, sera dissipée par l'exemple de ses frères d'Europe, qui ont appris à satisfaire les besoins qu'ils se sont créés, et tous les bienfaits d'une haute civilisation prendront racine sur ce sol fortuné.

Alors la race méridionale rivalisera en Amérique avec la race du Nord, et de cette heureuse rivalité naîtront des biens immenses. Alors la race anglo-saxonne, contenue dans de justes limites encore assez vastes, ne sentira plus le besoin d'étendre sa puissance sur des contrées qu'elle verra, comme la sienne propre, vivifiée par une civilisation active. Alors enfin les deux races se trouveront en Amérique comme elles le sont en Europe, dans la plénitude d'une indépendance qui a pour stimulant une noble rivalité, et pour but le bien-être de tous.

Afin de bien apprécier la nature de mes craintes et la tendance de mon désir, il faut voir la double action sur l'Amérique du Sud des États-Unis d'une part et de l'Angleterre de l'autre. On dirait que dans notre époque un but commun excite la race anglo-saxonne des deux bords de l'Océan pour la porter à l'envahissement de l'Amérique du Sud. Ce but a pour stimulant chez les Anglais le besoin impérieux d'extension commerciale, et chez les Américains leurs descendants, un besoin de conquête qu'on pourrait appeler providentiel.

En me servant de ce mot sans lequel on ne pourrait justifier les prétentions envahissantes des États-Unis, puisqu'il leur reste encore de vastes territoires à exploiter au moment même où ils s'emparent de la Californie, je désire surtout faire comprendre tout ce que renferme cet enseignement.

De tous les points du globe qui offrent au développement des rapports internationaux une arène nouvelle, nul ne réunit, dans de plus vastes proportions, des éléments de prospérité aussi nombreux et plus variés que la partie de l'Amérique du Sud occupée par la race latine. D'autre part, jamais les sociétés civilisées n'ont eu besoin autant qu'aujourd'hui d'une action expansive, parce qu'à aucune époque de l'histoire l'industrie n'avait déployé plus d'art et de courage.

Ces deux considérations bien comprises expliquent pourquoi les deux grands pouvoirs anglo-saxons des deux hémisphères semblent dès aujourd'hui montrer du doigt à leur postérité une terre promise. Aussi, tandis que les Anglo-saxons du nord de l'Amérique se préparent à envahir l'Amérique du Sud, leurs pères, les Anglais, vont posant sur cette partie du nouveau continent les jalons d'une puissance dont l'étendue et les prétentions ne sauraient être assignables aujourd'hui. C'est pourquoi nous voyons l'extrême sud du continent de l'Amérique porter déjà le drapeau britannique, tandis que l'aigle de l'Union embrasse de son vol les frontières de la race latine sur les deux océans. Comment ne pas croire, en présence de ces faits, à la crainte que j'ai manifestée sur les dangers qui menacent les populations latines de l'Amérique du Sud?

Toutefois ce serait s'abuser que d'admettre la facilité d'une conquête matérielle de cette partie du continent américain, même en supposant une entente cordiale de la part des deux sections de la race anglo-saxonne qui semblent la menacer. Cette crainte serait à mon avis exagérée. Mais pour n'avoir pas encore pris systématiquement des formes brutales, l'envahissement de la race anglo-saxonne sur la race latine n'en est pas moins moralement très-actif. Il est vrai que, dans sa marche hardie, cette conquête morale rencontrera toutes les difficultés, tous les obstacles qui séparent naturellement les deux races. Ainsi, religion, éducation, coutumes, besoins, aspirations, sont autant de barrières qui s'opposeront à la fusion. Mais d'autre part, le temps, la constance et la civilisation sont des leviers si puissants, qu'on pourrait croire à la réussite de cette entreprise gigantesque.

Il n'y a pas à se dissimuler que si jamais elle réussissait, malgré les graves obstacles qui s'y opposent, cette entreprise viendrait poser à l'univers un immensurable problème : celui de la domination universelle par une seule race. Ce problème pourrait donner lieu à des siècles entiers de guerres, pendant lesquels la destruction arriverait à des proportions gigantesques, car elle embrasserait à la fois toutes les parties civilisées du globe.

Mais ce tableau, épouvantable dans ses détails, fait éprouver un doute dû à la tendance générale des esprits qui se porte partout vers les moyens pacifiques de la domination morale et non matérielle. En admettant, néanmoins, que cette heureuse propension de la civilisation l'emporte sur l'emploi de la force brutale, quel sera, dans un avenir plus ou moins éloigné, le sort de la race dominée par rapport à la race dominante? C'est là une question très-digne de l'attention des penseurs. Qu'il me soit permis d'exposer encore à ce sujet les idées que je puise dans ce qu'on appellera peut-être une monomanie des races.

Si les avantages que la race anglo-saxonne s'est créés dans l'Amérique lui assurent une supériorité marquée sur sa rivale, elle possède aussi dans l'ancien continent, sinon l'égalité des lumières, au moins une supériorité numérique incontestable sur la race latine. En outre, elle est douée à un haut degré de cette énergie originaire qui la caractérise, et qu'on retrouve encore aujourd'hui, presque dans son état d'activité primitive, dans certaines parties du vieux continent

Si je transporte alternativement ma pensée de l'un à l'autre continent, c'est que je vois dans l'un et l'autre des éléments identiques pour la grande lutte des deux races qui nous occupent. Seulement ces éléments ont pris dans l'Amérique un développement bien autrement rapide que dans notre hémisphère. Cette rapidité d'action est due, à mon avis, d'une part aux difficultés mêmes de la conquête de l'Amérique, d'autre part aux aspirations que la race conquérante n'a cessé de puiser dans ses propres succès. De ces considérations semblerait devoir naître la croyance ou la probabilité d'un résultat plus immédiat dans le nouveau continent pour la lutte des races; et je me range volontiers de cet avis, malgré les remarquables ébranlements qui, depuis peu, bouleversent l'économie européenne. Aussi me bornerai-je, après l'exposition qui précède au sujet des dangers que court la race latine en Amérique, à dire un dernier mot sur les moyens de la préserver de la fusion dont elle est menacée. Je n'aurai, du reste, à développer que des arguments puisés dans la philosophie de l'histoire.

Nous avons vu que la race anglo-saxonne d'Europe et d'Amérique étreint de sa double influence la race latine qui se trouve fixée dans le sud du continent américain. Les faits sont patents; le doute ne peut donc exister qu'à l'égard des résultats qu'ils doivent amener. Quels que puissent être ces résultats, on ne peut s'empêcher d'être saisi d'étonnement en voyant la race latine de l'Europe rester indifférente en présence de ces événements. A une époque où le besoin d'action et la force d'expansion se manifestent si vivement au sein des populations de l'Europe, surtout parmi celles qui tirent leur origine de la race latine, on se demande comment il se fait que cette dernière reste impassible devant l'action déployée en Amérique par la race anglo-saxonne.

Néanmoins, il faut le dire, cette sorte d'indifférence existe beaucoup moins dans l'esprit de la race latine que dans la politique qui en dirige les tendances. En effet, l'émigration des races du nord de l'Europe a pris, depuis trente années surtout, un développement qu'appelait le spectacle nouveau d'une nationalité surgissant pour ainsi dire tout organisée des ruines de la domination anglaise dans l'Amérique du Nord; et, d'autre part, cette émigration était encouragée par les succès mêmes des émigrants, qui trouvaient aux États-Unis l'espace et le travail qui leur manquaient dans la mère patrie.

Si le même élan n'était pas donné à la race latine européenne vers l'Amérique du Sud, il faut l'attribuer au défaut de sécurité que l'indépendance de ces colonies espagnoles n'offrait pas aussi large aux émigrants. Cette différence est due, on le sait, à l'insuffisance d'éducation que les métropoles lusitano-espagnoles donnaient à leurs colonies. Cependant l'instinct du déplacement n'était pas moins actif chez la race latine de l'Europe ; car sans parler de l'émigration militaire qui suivit la chute de l'empire français, de nombreux essais ont prouvé par intervalles la tendance des Européens méridionaux pour l'émigration.

De nos jours surtout un exemple subsiste, c'est l'essor qu'avait pris l'émigration des Français, des Espagnols et des Italiens, pour l'Amérique du Sud.

Si ces trois branches de la race latine se portaient sur un seul point de ces vastes contrées, cette préférence s'explique surtout par les facilités d'exécution nées des avantages géographiques que présente le Rio de la Plata.

Quand on pense en effet que dans l'espace de quelques années ce pays a reçu plus de trente mille émigrants, il est facile de comprendre quelles proportions pouvait acquérir cette émigration si elle n'eût été violemment arrêtée par les événements politiques. Mais cet accident passager ne saurait arrêter l'essor des Européens méridionaux, et on peut croire que le goût de l'émigration se propagera parmi les races latines avec d'autant plus de force, qu'il aura été accidentellement paralysé.

D'un autre côté, si malgré l'exemple des États-Unis les gouvernements de l'Amérique du Sud n'ont généralement rien fait encore pour attirer l'émigration européenne, les sympathies des populations de l'Amérique du Sud lui sont acquises. La preuve de ce fait se trouve dans l'empressement que mettent les propriétaires, dans l'Amérique, à accueillir les bras européens, et à leur procurer le travail qu'ils viennent y chercher.

En présence de ces faits, que faudrait-il pour que le courant de l'émigration s'établît d'une manière permanente entre l'Europe et l'Amérique du Sud, comme il s'est formé vers l'Amérique du Nord? La chose la plus facile : un simple bon vouloir des gouvernements européens, qui emploieraient d'une part les services de leurs agents à éclairer les États de la Sud-Amérique sur les avantages réciproques d'une émigration organisée, et qui d'autre part consacreraient une très-faible partie des fonds qu'absorbent les classes nécessiteuses de l'Europe à favoriser l'émigration. Cette partie de ce qu'on appelle aujourd'hui l'assistance publique, ainsi employée, serait la plus utile immédiatement et la plus fructueuse pour l'avenir; car elle procurerait du travail aux consommateurs oisifs qui absorbent aujourd'hui les deniers de la bienfaisance sans production aucune. En d'autres termes, l'émigration aurait pour résultat de donner, même au pays des émigrants, des consommateurs productifs, puis qu'ils iraient au loin satisfaire largement par un travail bien rémunéré, les goûts et les besoins qu'il leur faut comprimer ou réduire dans la mère patrie. Ce serait, à mon avis, la meilleure manière d'utiliser les rapports internationaux si souvent et si malheureusement interrompus par des querelles de mots, d'où naissent le refroidissement, les froissements, ou même des actes de rigueur toujours regrettables même lorsqu'ils sont le plus nécessaires. Je n'appuirai pas davantage sur ce côté de la question.

Revenant donc au besoin de rapprochement qui est manifeste entre les tendances des populations latines de l'Europe et les sympathies de l'Amérique du Sud, je vais en offrir une des mille preuves qu'on trouve répandues dans les publications de la presse de l'Amérique du Sud. Je la puiserai dans un journal du Chili. C'est une lettre adressée par M. Felix Frias au Congrès de la Paix qui s'est réuni à Paris l'année dernière; on me permettra d'en citer quelques fragments(1).

« La paix européenne sera impossible sans le bien-être matériel; ce bien-être est le meilleur agent de la paix universelle, et rien ne saurait moraliser les masses comme le sentiment de la propriété. Si le bien-être matériel est introuvable en Europe pour les masses, que faire? Transporter les nécessiteux d'Europe en Amérique, où celui qui a faim trouvera à manger; les retirer d'ici où ils sont de trop, puis-

(1) *Mercurio* de Valparaiso, du 30 octobre 1849.

qu'ils ne peuvent suffire à la nécessité première de la conservation, pour les conduire dans les contrées où les bras manquent, sur une terre déserte dans laquelle ils seront utiles, indispensables.

» Votre savoir ne nous enseignera pas cette loi de l'émigration que le simple instinct enseigne aux animaux. Envolez-vous, comme l'oiseau quittant les lieux où l'aliment lui manque, vers des régions nouvelles où vous pourrez le trouver. Quel meilleur usage pourrait-on faire des aîles de la vapeur, que de transporter des populations dénuées et amaigries dans l'Éden désert encore de l'Amérique du Sud? Vingt-cinq livres de viande fraîche coûtent dans notre pays moins d'un franc; on y connaît des propriétaires de 400,000 têtes de bétail; d'autres font tuer leurs bestiaux pour en vendre la dépouille à vil prix, et en laissant la chair se perdre faute de consommateurs. Il existe là des territoires immenses, vierges encore du soc de la charrue; des rivières admirables y sillonnent en silence des terrains d'une prodigieuse fertilité, et leurs eaux limpides n'ont jamais reflété la fumée des bateaux à vapeur. On ne connaît dans l'Amérique du Sud ce que sont les chemins de fer que par les journaux de l'Europe, et cependant des plaines étendues signalent ces régions à la conquête pacifique des voies ferrées.

» Voulez-vous savoir si je dis vrai? demandez à la Géographie ce que sont les magnifiques fleuves, les innombrables et belles rivières de l'Amérique du Sud, et la carte de ce demi-continent vous monfrera l'Amazone, le Parana, le Paraguay, le Vermejo, l'Uruguay, et les vastes solitudes que baigne de ses eaux la plus belle, la plus grandiose canalisation naturelle qui existe dans l'univers.....

» Eh bien ! nous voulons que les bras, qui sont de trop en Europe, aillent s'employer à cultiver les terres dont nous n'avons que faire, et que vous nous apportiez le moyen unique et fructueux pour notre propre civilisation, c'est-à-dire *l'exemple immédiat du travail.*

» Je comprends que le moyen est coûteux ; mais c'est le seul qui vous soit donné, et surtout songez qu'il est radical....

» Marchez donc vers cette Amérique du Sud, sœur de l'Amérique du Nord, non pour soumettre des sujets, mais pour embrasser des frères qui vous attendent, et qui ouvrent à vos nécessiteux les portes de leur patrie ; respectez surtout ces diverses nationalités en germe, qui offrent de vastes débouchés aux produits de votre industrie, et qui vous demandent des compagnons de labeur pour défricher leurs vastes campagnes.

» Nous vous appelons aujourd'hui afin que vous nous aidiez à nous civiliser ; en échange de vos besoins matériels que nous voulons satisfaire, vous satisferez à nos besoins moraux, et, enfants du même Dieu, nous vivrons avec vous comme des frères.

» Telle est ma pensée tout entière. La pacification de chaque État de l'Amérique du Sud, au moyen de l'émigration appliquée à l'extinction du paupérisme en Europe, est la plus forte garantie d'une paix universelle ; car si nous nous détruisons parce que nous ne sommes pas assez nombreux, vous vous détruirez parce que vous êtes trop nombreux....

» Qu'un juste équilibre s'opère rationnellement, et les extrêmes venant à se toucher, un niveau s'établira entre l'excès de votre population et la surabondance de nos territoires.... »

On a entendu cet appel venu des rives fortunées de l'Amérique du Sud : on peut juger quelles sont les sympathies qui attendent nos travailleurs pauvres dans ces contrées, si riches en éléments de travail.

Que l'on soit bien convaincu d'un fait : c'est que les idées émises par cet Américain penseur sont celles qui composent le fond de la pensée américaine, comme elles sont aujourd'hui la planche de salut des populations déclassées de l'Europe.

Je l'avais dit, moi-même, avant d'avoir lu ces lignes écrites par un Américain : « L'Europe a be-
» soin de l'Amérique pour retrouver son propre
» équilibre ; c'est une vérité peu appréciée encore,
» mais chaque jour désormais la rendra plus évi-
» dente. Toutefois, l'Amérique a besoin de l'Europe
» pour donner une assise à son immense avenir ; car
» il resterait à l'état de principe, si le travail de
» l'Européen n'allait pas féconder les germes d'où
» naîtra son développement. Ainsi, où la terre est
» déserte, il faut des bras (1). »

(1) Des intérêts réciproques de l'Europe et de l'Amérique.

Tel est le résumé des idées qui germent en Amérique ; il est présenté ici par un Européen, et l'on vient de voir avec quelle identité parfaite ces idées se trouvent développées dans la lettre de M. Frias, qui parle au nom de l'Amérique du Sud.

Avant de conclure, j'éprouve le besoin d'émettre plus qu'un vœu (car il y a nécessité) au sujet de la conservation de la race latine dans la possession de l'Amérique du Sud. Quand j'appelle au secours de cette race, que je crois en danger, ses frères d'Europe, je ne me sens animé d'aucun esprit d'exclusion ; Dieu m'en garde ! Dans la grande question qui s'agite, il ne faut que des idées larges, généreuses. Ainsi donc, qu'il soit bien entendu que le cri de détresse de l'Amérique du Sud n'est point un cri de peur. Je l'ai dit au sujet de l'attitude menaçante des Anglo-Américains sur les frontières de la Sud-Amérique : la conquête matérielle de ce demi-continent n'est point chose facile. Il ne s'agit donc que de la conquête morale, et c'est pourquoi je pense que tous doivent être appelés à cette belle œuvre de civilisation, sans exception de races. Anglo-Saxons des deux hémisphères, races romane, germaine ou autres de l'Europe, que toutes concourent à l'envi au developpement social de l'Amérique du Sud ; que l'œuvre grandiose s'accomplisse en commun, afin que tous la considèrent comme leur œuvre. Un seul but doit être celui de tous : donner à un demi-continent dépeuplé les populations innombrables que réclament leurs solitudes aujourd'hui sans écho, et faire surgir dans ces déserts, maintenant sans valeur matérielle, tous les bienfaits de la civilisation. Voilà la plus belle entreprise qui puisse être dévolue à notre époque; en elle réside aussi le moyen le plus efficace de mettre un terme aux convulsions qui agitent l'ancien continent.

De ce concours universel devra naître une fusion heureuse, dont les résultats ne sauraient être définis, sans doute; mais on peut croire au moins qu'une œuvre si prodigieuse devra donner aux jeunes nationalités de l'Amérique du Sud une force d'autant plus grande, que leur faiblesse actuelle provient uniquement du manque de bras suffisants à l'étendue des territoires qu'elles occupent.

De là naîtrait pour ces pays le développement progressif de la prospérité nationale, sous l'égide d'une autorité d'autant plus vigoureuse qu'elle ne s'épuiserait plus comme aujourd'hui dans les espaces inhabités, où l'action du pouvoir devient inefficace par le fait même des distances.

De là surgirait une activité inappréciable dans les rapports internationaux d'un hémisphère à l'autre; cette activité produirait des tendances nouvelles dans les esprits, et une recherche générale du bien-être dont les éléments seraient mis à la portée du grand nombre. Cette tendance détruirait celles que nous voyons dirigées par un esprit de destruction, faute d'aliments pour un travail productif.

De là enfin une ère toute neuve s'ouvrirait devant l'intelligence des peuples, qui sentiraient bientôt l'inanité des systèmes du bien-être qu'on s'efforce de forger avec des mots, parce qu'on ne peut le faire sortir des choses

En un mot, s'il est vrai que le plus grand mal de notre temps se trouve dans l'action excessive des intelligences, il est certain qu'en présence d'un champ si vaste pour l'application nos sociétés trouveraient un remède efficace aux malheurs qui les frappent, et surtout à ceux dont elles se sentent menacées dans un avenir dont chaque jour nous rapproche.

Tel est le but que je me propose d'atteindre.

CONCLUSION.

Après avoir salué la grande figure de Colomb, qui plane sur l'Amérique comme l'ange sauveur de l'Europe dans nos jours d'amertume, j'ai cherché à faire connaître sous quel aspect apparaissent aux yeux du voyageur les races indigènes, telles qu'elles se trouvent modifiées aujourd'hui par trois siècles et demi de servage. Nous avons vu que leurs diverses familles ne forment plus qu'une agrégation des races conquérantes qui dominent les deux parties du continent. Ces deux races elles-mêmes se montrent à l'observateur comme deux grandes unités dont le contact imminent menace l'une d'elles d'une fusion prochaine, peut-être de l'anéantissement.

On aura pu comprendre qu'une cause très-active de décomposition pour la race latine réside dans l'antagonisme qui divise les deux sections dont elle est composée. D'une part, le Brésil peuplé par les Portugais, et d'autre part les habitants du Rio de la Plata dont les pères furent Espagnols. Dans cet antagonisme, ces derniers ont tout à gagner, non en puissance, mais en triomphe éphémère et bientôt funeste pour eux-mêmes; tandis que le Brésil a tout à perdre, à cause du grand mélange des races soumises à la race blanche, la proportion de celle-ci étant à peine de un contre trois. En pesant sérieusement cette considération, on comprendra de quelles horribles convulsions sera menacé le Brésil, le jour où pour le triomphe de cet antagonisme ses voisins du Sud auront recours à la querelle implacable des races, parmi lesquelles les Africains dominent.... Hâtons-nous de détourner nos regards des tableaux hideux que présage l'état actuel du Brésil s'il était poussé dans la lutte sans pitié des races qu'il renferme, et faisons un appel à toute la race latine du continent américain, pour qu'elle s'unisse dans un sentiment de conservation commune. Le jour où le Brésil serait livré en proie aux débats sanglants des populations qui l'habitent, il finirait, il est vrai, dans une horrible agonie; mais aussi ce jour-là serait le signal de la destruction ou au moins de la sujétion de toute la race latine de la Sud-Amérique sous la pression de la race Anglo-Saxone. Déjà cette dernière veille sur la frontière du Nord, tandis que les Anglais attendent cette explosion, fortement établis à l'extrême limite sud du continent américain. Or, il faut bien l'avouer, rien ne saurait justifier, légitimer même l'agression de la part des Anglo-Saxons des deux hémisphères, plus que ce suicide de la race latine par elle-même; et ce suicide commencerait par le bouleversement social du Brésil.

Pour se faire une idée des facilités de l'attaque par la race anglo-saxonne, il n'est besoin que de signaler les fortes positions que déjà elle occupe en prévision de cette éventualité.

Nous avons dit que la conquête de la Californie a formé une ligne de démarcation parfaitement établie entre les deux parties du continent, d'un océan à l'autre. C'est plus qu'il n'en faut pour faire comprendre la force de la position des Anglo-Saxons sur la frontière de l'Amérique du Sud; mais il faut constater en outre la nature et l'importance des jalons posés par l'Angleterre autour du continent américain.

1° Elle domine, sous forme de protectorat, la prétendue royauté des Mosquitos, dont le territoire donnera passage d'un océan à l'autre au centre du continent.

2° Elle occupe militairement les îles Malouines (Falkland Islands), situées à l'extrémité Sud du continent américain, près du détroit de Magellan.

3° Elle possède une colonie naissante au nord de ce détroit par suite de la concession faite par un chef d'Indiens indépendant à un voyageur anglais en 1845. Cette colonie prospère sous la protection immédiate de l'établissement militaire des Malouines; c'est dire que l'Angleterre a mis déjà un pied sur le continent de l'Amérique du Sud.

4° Elle domine la navigation de l'Océan pacifique, au moyen d'une compagnie puissante qui jouit du privilége de parcourir tout le littoral par des lignes de bateaux à vapeur. Cette navigation était d'abord limitée au parcours depuis le Chili jusqu'à Panama ; mais dès que la Californie a été occupée par les États-Unis, de nouveaux bateaux partis d'Angleterre ont prolongé cette ligne depuis Panama jusqu'au Sacramento.

Dans cet état, il ne manque à l'Angleterre, sur la côte orientale de l'Amérique, qu'un point tel que l'île Sainte-Catherine ou même Montévideo, pour se trouver posée sur les trois Océans, comme elle le serait en Europe, par rapport à la Méditerranée et à l'Atlantique, si elle était établie à Cadix qui représente les Malouines, et à Ceuta qui représente le Cap, comme elle l'est à Gibraltar qui représente Montévideo ou Sainte-Catherine.

Ces considérations me paraissent de la plus haute gravité, et je les soumets à l'appréciation des hommes sérieux, afin qu'étudiées et propagées par les intreprètes de la science, elles puissent pénétrer au plutôt dans les études de l'économie politique, qui devra y puiser de précieux enseignements, et qui en recevra sans doute de profondes modifications.

Elles me semblent justifier suffisamment l'appel que j'ai dû faire à toutes les races Européennes, pour les inviter, sans acception spéciale ni exception absolue d'aucune d'elles, à voler, par une émigration puissante et organisée, au secours d'un demi-continent qui se voit menacé par terre et par mer de la domination d'une seule race.

Je veux finir en joignant à cet appel d'humanité l'appât d'un légitime intérêt, et je ne puis mieux le faire qu'en répétant lss paroles pleines d'éloquence et de sentiment d'un de nos plus éminents voyageurs.

Alors que poussé par l'amour de la science jusqu'aux confins de la Bolivie et du Brésil, M. Alcide d'Orbigny exprimait dans un beau langage ce que fait éprouver à tous les voyageurs la vue des magnificences de la nature Américaine, placé aux doubles sources de l'Amazone et du Paraná, dont il souhaitait la jonction, le savant explorateur s'écriait :

« Dans un siècle où il n'y a plus de difficultés » invincibles au génie des hommes de science et » d'industrie; dans un siècle où les sages mesures » des gouvernements et les grandes associations » ont tout fait pour le bien général et pour la gran- » deur des peuples, espérons qu'enfin les nations » européennes, s'unissant à la Bolivie, commen- » ceront cette métamorphose propre à faire d'un » pays presque désert le foyer d'opérations commer- » ciales et industrielles des plus lucratives pour » la nation civilisatrice qui prendrait l'initiative. »

Cet appel a été entendu, mais seulement de la race Anglo-Saxonne, et à sa manière. Puisse celui qu'à mon tour je fais entendre réveiller les autres races de la léthargie où elles s'endorment malgré l'exemple qui leur est donné !

www.ingramcontent.com/pod-product-compliance
Ingram Content Group UK Ltd.
Pitfield, Milton Keynes, MK11 3LW, UK
UKHW032010260826
14628UKWH00005B/2397

9 782019 675509